保健室で見る本①

からだをまもろう、動かそう

国際武道大学教授
鈴木和弘・著　大森眞司・絵

国土社

体力って何だろう？

「体力」という言葉は、みなさんも聞いたことがありますね。「Aさんは体力があってうらやましいな」とか「私は体力に自信がないな」などとふだんの会話でもよく使われていますね。でも「体力」って何をさしているのでしょうか？　考えてみましょう。意外とむずかしいですね。

ここで、体力がある人、体力がない人をイメージしてみてください。どんなすがたを想像しますか？

体力のある人、ない人とは？

映画に出てくるアクション・スターを思い浮かべてみてください。たよりがいがあって、筋肉モリモリのすがたはとてもたのもしく見えますね。こんな人が体力があると思うのはしぜんな事かもしれません。それにくらべやせ細っていたり、太っていたりする人は、体力がないような感じがします。はたしてホントにそうなのでしょうか？

- 病気がちでいつも元気がない
- 運動は苦手だけど体は丈夫
- 大きくて力は強いがすぐかぜをひく
- 走るのは速いがケガをよくする
- 小さいけれどいつも元気いっぱい
- 特に運動をしていないけれどいつも元気
- 運動は苦手だが、根気強い

体力とは、走ったり、とんだり、オニごっこをしたり、という行動するための体力と、運動が苦手でもかぜなどにかかりにくく、休まず学校にくることができるというような体力もあります。少しむずかしいことばにすると、前者を「行動体力」、後者を「防衛体力」といいます。また、走るのがおそくても、最後までやりぬこうとする「心のはたらき」もとても大切な体力の要素と言えます。このように考えると「体力」は、人間の持っているとてもすばらしい能力ですね！

走るのがおそくても、最後まで休まずやりとげられたら、それはすばらしい体力の持ち主です。毎日の朝食をしっかりとって、かぜなどめったにひかないとしたら、それだけでりっぱな体力を持っています。でも、こんなねばり強さがあってかぜなどめったにひかない人は、もっと元気に、活発に動くことができるのではないでしょうか。行動体力もきっと高くなってくると思います。さて、体力にはどんなものがあるのでしょうか？もう少しくわしく見ていきましょう。

行動体力

★ 行動をおこす力
　筋力（力強さ）、瞬発力（力をより速く、強く動かす力）

★ 行動を持続する力
　持久力（ねばり強く長い時間動ける力）

★ 行動を調整する力
　柔軟性（体の柔らかさ）、たくみさ、バランス感覚、動きの調節

防衛体力

★ 暑さ寒さにまけない力
★ かぜなどの病気にかかりにくい力
★ いろいろな環境に適応できる力、疲れにくさ
★ 不安やきんちょうなどにたえる力

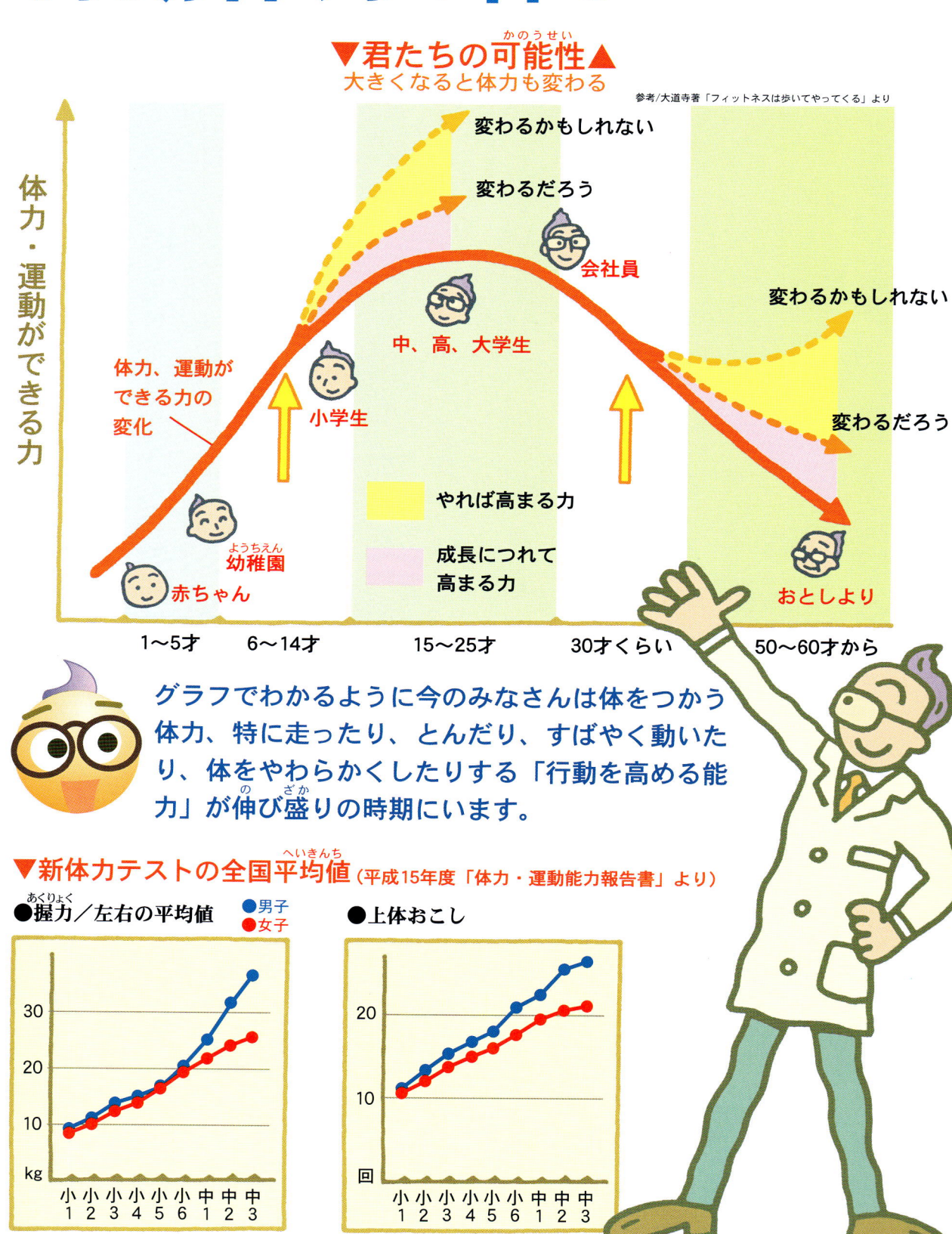

▼新体力テストの全国平均値

●長座体前屈

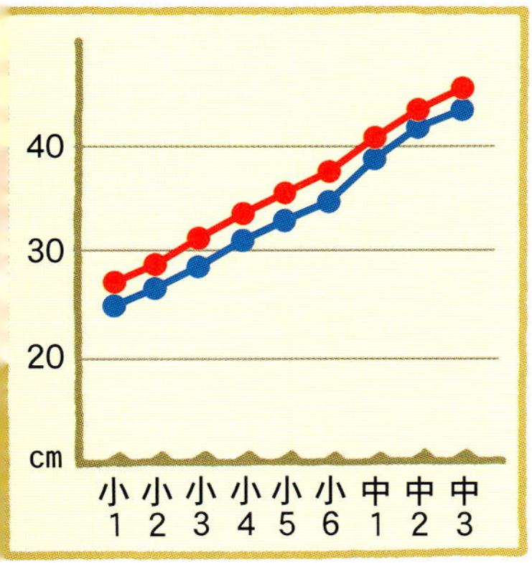

●反復横とび

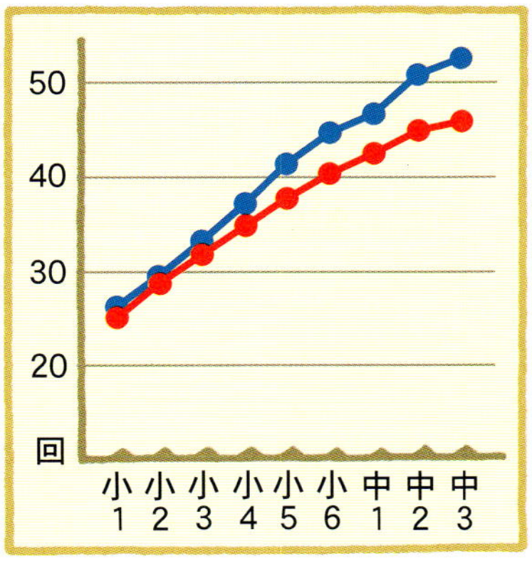

●20メートル往復走

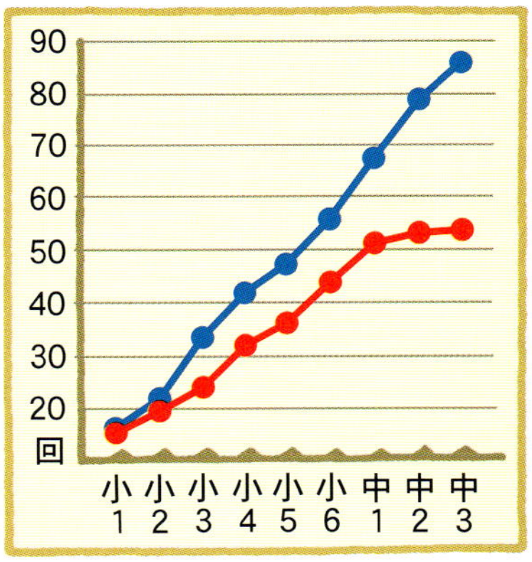

●50メートル走

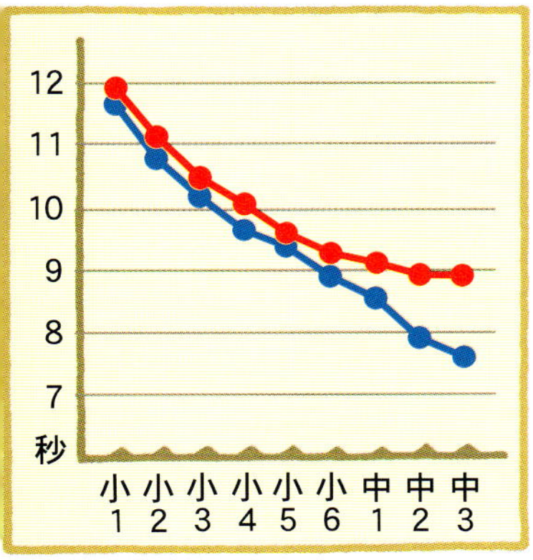

●立ち幅とび

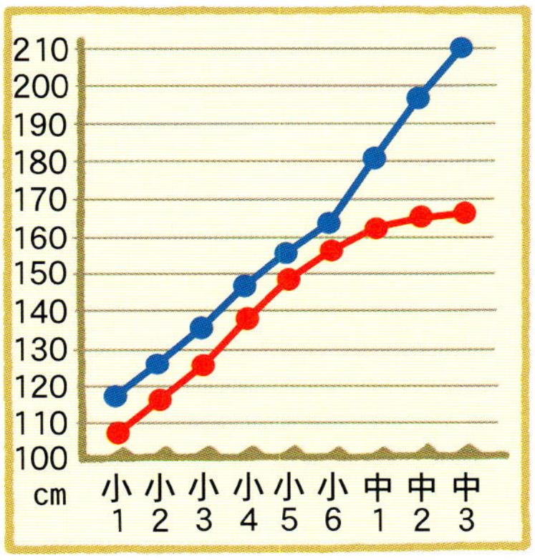

●ボール投げ
　● 男子　● 男子
　● 女子　● 女子

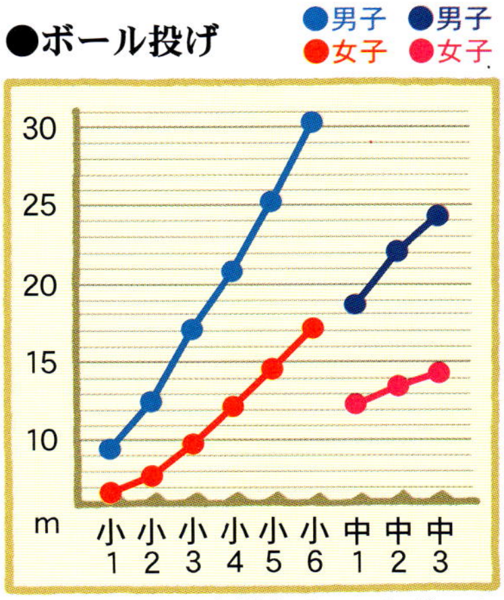

小学生はソフトボール
中学生はハンドボール

だんだん大きくなるね → 幼児 → 小学生 → 中学生

中学生になると男子と女子の差がひらいていくよ

それはホルモンの働き

★運動する人の心臓

ふだんからよく運動をしている人と、していない人では、安静のじょうたいからすでに1回に心臓から送り出される血液の量に差があります。血液の量が少ないと、心拍数がふえることになり、同じ運動をするにもつらいことになります。

体力測定のしかた

学校で行なう体力テストは新しくなりました。それは8つの種目からなっています。それぞれを測定することで、さまざまな体力・運動能力がわかるのです。自分の今の体力を正確に知るために、テストの方法を知っておきましょう。

● 握力（筋力）

①握力計の針を外側にして持ち、人さし指の第2関節がほぼ直角になるように、にぎりのはばを調節してにぎる。
②直立の姿勢で両足を左右に自然に開き、腕を自然に下げて握力計が体や衣服にふれないようにして、力いっぱい握りしめる。握力計をふりまわさないように注意する。同じ人が2回続けておこなわないようにする。

※左右交互に2回ずつはかり、左右それぞれよいほうの記録をとり、その平均を求める。

● 上体起こし（筋力・筋持久力）

①マットの上にあおむけになり、両腕を胸の前で組む。両ひざを90度にたもつ。
②「始め」の合図で、両ひじがふとももにつくまで上体を起こす。
③すばやくあお向けの姿勢にもどし、背中はマットにつける。この動作をくりかえす
※30秒間の回数（両ひじがふとももについた回数）を記録する

● 長座体前屈（柔軟性）

①初期姿勢：両足を箱の中に入れ、かべに背中、しりをぴったりとつける。肩はばの広さで両手のひらを下にして、胸をはってひじを伸ばしたまま箱を手前に充分引き付けて、背すじを伸ばす。
②前屈動作：両手を箱からはなさず反動をつけないでゆっくりと前屈して、できるだけ遠くにまっすぐ前方に箱を押す。ひざが曲らないように注意する。
※箱の移動距離を測る。2回やって、良い方の記録をとる。

● 反復横とび（敏しょう性）

①中央ラインをまたいで立ち、「始め」の合図で右側のラインをこえるか、ふむまでサイドステップする。
②反対にステップして、中央にもどる。
③今度は左のラインをこえるか、ふむまでサイドステップする。
④反対にステップして、中央にもどる。

※ラインを通過するごとに1点とし、20秒間の点数を記録。2回やってよいほうの記録をとる

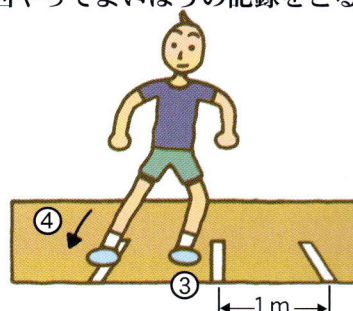

●20メートル往復走（全身持久力）

①一方の線上に立ち、5秒間のカウントダウンの後の電子音でスタートする。
②次の電子音が鳴るまでに20m先の線に達するように走り、足が線をこえるかふれるかしたら、その場で向きをかえる。
③次の電子音が鳴ったら、再び走り始める。電子音の前に線に達した場合は、向きをかえて待つ。この動作をくりかえす。
④電子音の間かくは、やく1分ごとに短くなるので、走る速度を上げて電子音についていくようにする。
⑤電子音の間かくについていけなくなって走るのをやめた時、または2回続けて足が線にふれることができなかった時にテストを終了する。（1回おくれても、次に間に合った時は、テストを続ける）
※折り返すごとに1回とし、最後に線をこえた、あるいはふれることができた時までの折り返しの総回数を記録とする。

ついていけなくなったら自発的にしりぞく。

●50メートル走（瞬発力・走力）

①スタートはクラウチングスタートでおこなう。
②スタートの合図は「位置について」「用意」の後、音または声を発すると同時に旗をふりあげる事によっておこなう。
※スタートの合図からゴールライン上に胴体（頭、肩、手、足ではない）が到達するまでの時間を計測する。

ゴールラインは走りぬけるようにする。

●立ちはばとび（瞬発力）

①両足を軽く開いて、つま先がふみきり線の前端にそろうように立つ。
②両足で同時にふみきって前方へとぶ。
※身体が砂場（マット）にふれた位置のうち、ふみきり線に近いほうの足のかかとと、ふみきった時の両足の位置の中央（ふみきり線の前端）との距離を測る。2回おこなって良いほうの記録をとる。

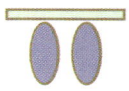

●ボール投げ（投力・上肢筋力）

①直径2mの円内からハンドボールを投げる。投球フォームは自由だが、円をふんだり、こしたりしてはならない。
②投げ終わったら、静止してから円外に出る。
※ボールの落下地点までの距離をあらかじめ1m間かくでひかれている円弧によってはかる。
※2回おこなって、良い方の記録をとる。

トレーニングを行なうには？

いよいよトレーニングを始めましょう。その前にいくつか大切なことがあります。自分の年齢や体力、目的にあったトレーニングをするために、これくらいはおぼえてもいいですね！

宮下充正「小児医学」1986年 より

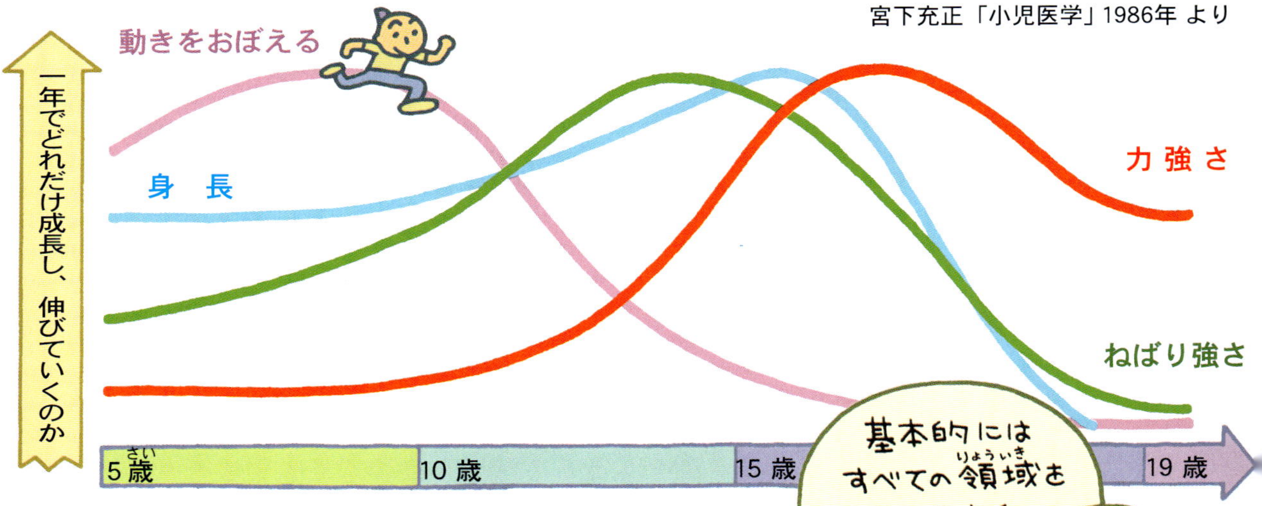

一年でどれだけ成長し、伸びていくのか

- 動きをおぼえる
- 身長
- 力強さ
- ねばり強さ

5歳　10歳　15歳　19歳

ある年令に達しないと、トレーニング効果があがらないものもあるよ。

基本的にはすべての領域をバランスよく高めることが大切！

～11歳
いろいろな動きに挑戦し、スマートな身のこなしをおぼえる。
（脳や神経）

12～14歳
軽い負荷（重さ）で持続的な運動をする。スマートな動作を長く続けられる能力を身につける。
（呼吸器や循環器）

15～18歳
負荷（重さ）をふやし、スマートな動作を長く続けさせるとともに、力強さを身につける。
（筋肉や骨格）

19歳～
スポーツにかかわる動作をじゅうぶんに発達させ、試合のかけひきを身につけ、最高の能力を出せるようにする。

トレーニングをするときに大切なこと

トレーニングをする上で最も大切なことは何か？
それは「やりとげようとする強い意志」です。

ちょっとがんばる
ふだんより強い負荷を身体に加えることで、筋力や持久力などがきたえられる。

つづける
一度にたくさんやるよりも、少しずつでも続けることが大切。

くりかえす
適切な負荷（重さ）と正しい反復回数によって、高いトレーニング効果が得られる。

かたよらない
全身をバランスよくきたえることが望ましい。

やったところだけ
きたえた部分だけにしかトレーニングの効果はあらわれない。

ひとりひとり違う
自分の体力や目的に応じてトレーニングをおこなうこと。

中央：**やる気** やるぞ！

基礎体力の考え方

その1 — どのスポーツにも対応できるような基礎的能力
その2 — そのスポーツにおいて、最低限必要な能力
※このどちらの考え方であっても、全身持久性・筋力・筋持久力・柔軟性・平衡性・敏しょう性などの能力をバランスよくきたえることが大切です。

運動をする前は？
身体をあたためてやわらかくしよう
ウォーミングアップ

みなさんは、いきなり走ったりボールを投げたりはしないですよね。運動をおこなう前には、運動ができる身体になる準備をするのです。これが大切なのです。「身体を充分にあたため、動きやすい状態にすること」が、この運動のねらいです。この準備運動をウォーミングアップともいいます。だいたい２０分くらい必要です。よく、ストレッチングだけやってウォーミングアップは終わりという人がいますが、ストレッチングはウォーミングアップのひとつにすぎないことを知っておきましょう。

●軽いジョギング

●縄とび

●リズムステップ

●体操

体がじゅうぶんにあたたまって、すこし汗ばんでくるくらいやります。

ストレッチングだけでは不充分。
身体をしっかりあたためるために、
軽いジョギングなどをしましょう。

運動し終わったら〜
身体をゆっくり元にもどそう
クーリングダウン

楽しく運動したあとは、すぐに休んだほうがいいのでしょうか？ じつはこのあとの整理(せいり)運動はとても大切なのです。これをクーリングダウンとよんでいます。軽くおしゃべりでもしながら、ジョギングやウォーキングをしてください。そしてそのあとにストレッチング。活発(かっぱつ)な運動やスポーツを急にやめると、めまいや立ちくらみ、はき気などをおこす事もあるのです。はげしい運動のあとは軽い運動やストレッチングをおこなったほうが、疲(つか)れのもとになる乳酸(にゅうさん)が早く減っていくということもわかっています。お風呂(ふろ)に入るのも、身体と心の両方をリラックスさせる良い方法です。その他、汗(あせ)をかいたら着替える、うがいをする、手を洗う、なども忘れないようにします。

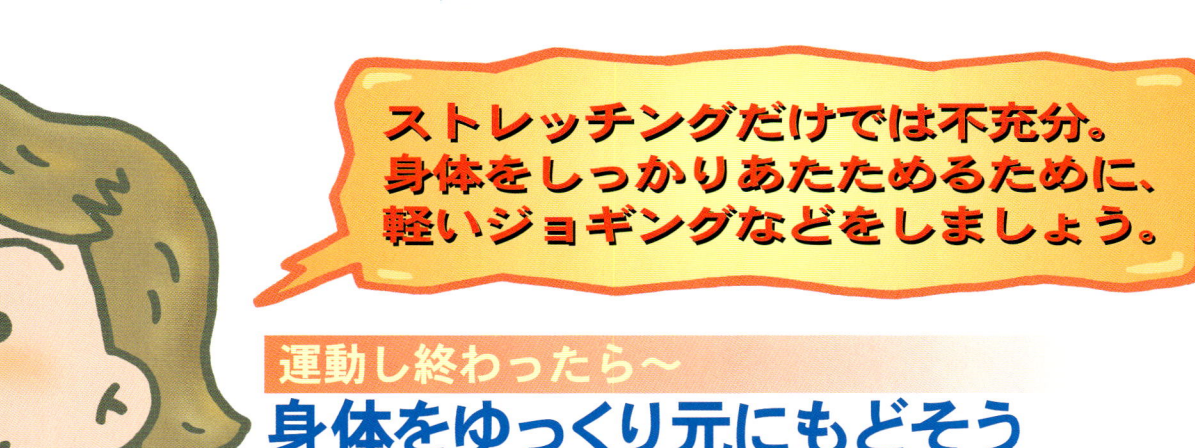

●軽いジョギング
●ウォーキング
＋
●さまざまなストレッチング
ふくらはぎ
ふともも
腰(こし)、肩(かた)

心も体もリラックス！
ゆっくりと体をほぐそう。

13

★やってみよう！／その１

まずはストレッチングから

ストレッチングは何のためにするのでしょう？　そしてどのような効果があるのでしょうか。
1) それぞれの関節が動く範囲を広げて、筋肉の緊張をやわらげる。
2) ケガの予防およびケガで動きの悪くなった筋肉や関節などのはたらきを回復させる。
3) 大きくやわらかい動きをつくる。
4) 心や身体の疲れを取りのぞくことができる。

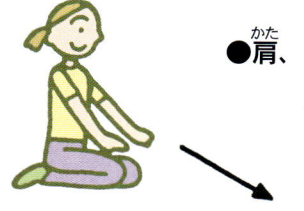

●肩、背中のストレッチング
息をゆっくりはきながら手を思いきり前に伸ばす。

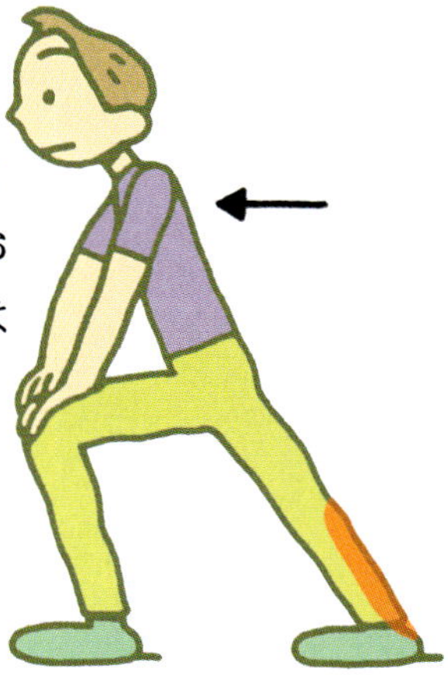

●ふくらはぎのストレッチング
後ろに伸ばした足のふくらはぎを意識して左右おこなう。両足のつま先はまっすぐ前に向ける。

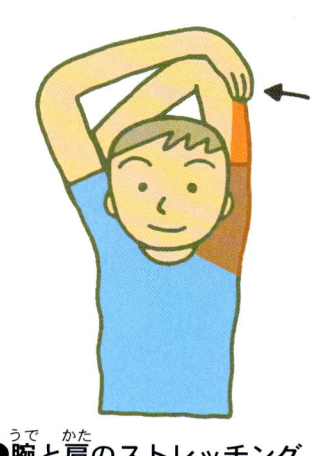

●腕と肩のストレッチング
腕が上がらない人は手を伸ばしてやってみる。

●太もものうらがわのストレッチング
おしりを後ろに引いて背中を伸ばし、ひざを押す。つま先はじょじょに上に向けるとよい。

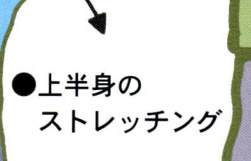

●上半身のストレッチング

正しいストレッチングのやり方

①反動をつけない：急な反動をつけておこなうと、逆に筋肉が緊張して痛める原因になる。
②呼吸をとめない：呼吸は自然のままにしよう。筋肉を伸ばすのにあわせて息をゆっくりとはいてみる。
③伸ばした筋肉を意識する：最も大切！たとえば、ふとももうらがわをじょじょに伸ばしていくと、そこの筋肉が引っ張られて「筋肉の張り」を感じることができる。この「張り」を感じなければ正しくおこなっていることにはならない。
④無理に伸ばしすぎない：ほどよく「張り」を感じることができていれば大丈夫！痛みを感じるようなら、無理に伸ばしている事になる。ハリキリすぎないでやろう。
⑤身体全体をストレッチする：１カ所だけでなく、身体全体をバランスよくストレッチすること。太ももの前をやったら、うらがわも必ずやるようにする。

★やってみよう！／その２
さぁトレーニングだ！

身体も充分あたたまり、ストレッチングもやりました。いよいよトレーニングを始めましょう。トレーニングは行動体力を高めることが目的です。ただ、みなさんは成長期にあるので、身体全体をバランスよくきたえることがなにより重要だといえます。最初は軽い負荷（重さ）からはじめましょう。正しいフォームでゆっくりとしたスピードでやらないと危険です。重いものをたくさん持ち上げたからといって、効果が上がるわけではありません。それほど苦労せずに１０回くらい持ち上げることができる重さくらいの強度でのトレーニングが効果的と言われています。１週間に２～３回、１回につきウォーミングアップとあわせて１時間くらいやると良いでしょう。トレーニングをしたら身体を休ませることも大事です。

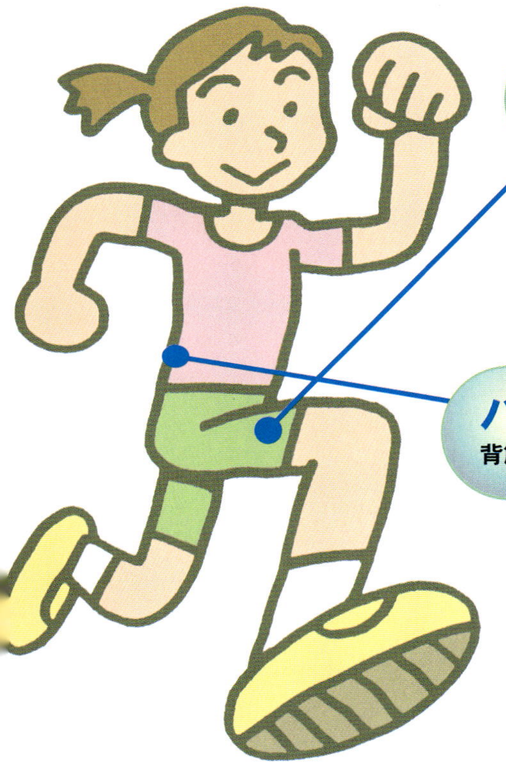

スクワット
ふともも、腰など

かかとは床につけたままで、お尻を少しつきだすようにして、正面を見ながら背中を丸めないようにゆっくりとひざの曲げ伸ばしをする。

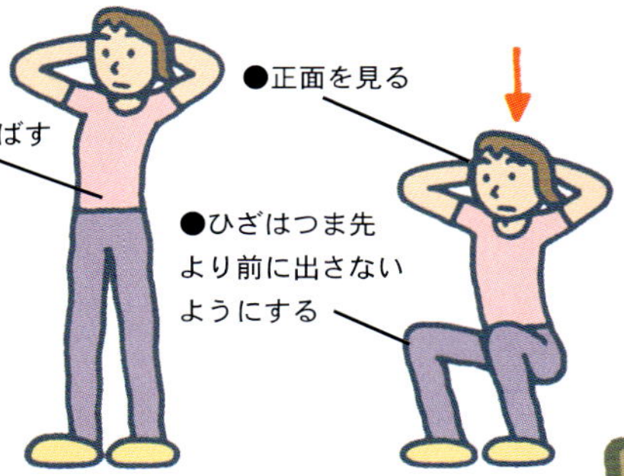

● 正面を見る
● 背中をのばす
● ひざはつま先より前に出さないようにする

バックレイズ
背筋など

とび箱などの台の上にうつぶせに寝て、腰から上を外に出して両足が浮かないように固定したまま、上体を持ち上げる。

トレーニングの後は休息する。

トレーニングは、身体のあらゆる器官や組織に負荷がかかります。その状態から回復してゆく間で、筋力や体力が高まっていくわけです。ですからトレーニングをしたら、睡眠や食事を充分にとって身体を休めることが必要なのです。

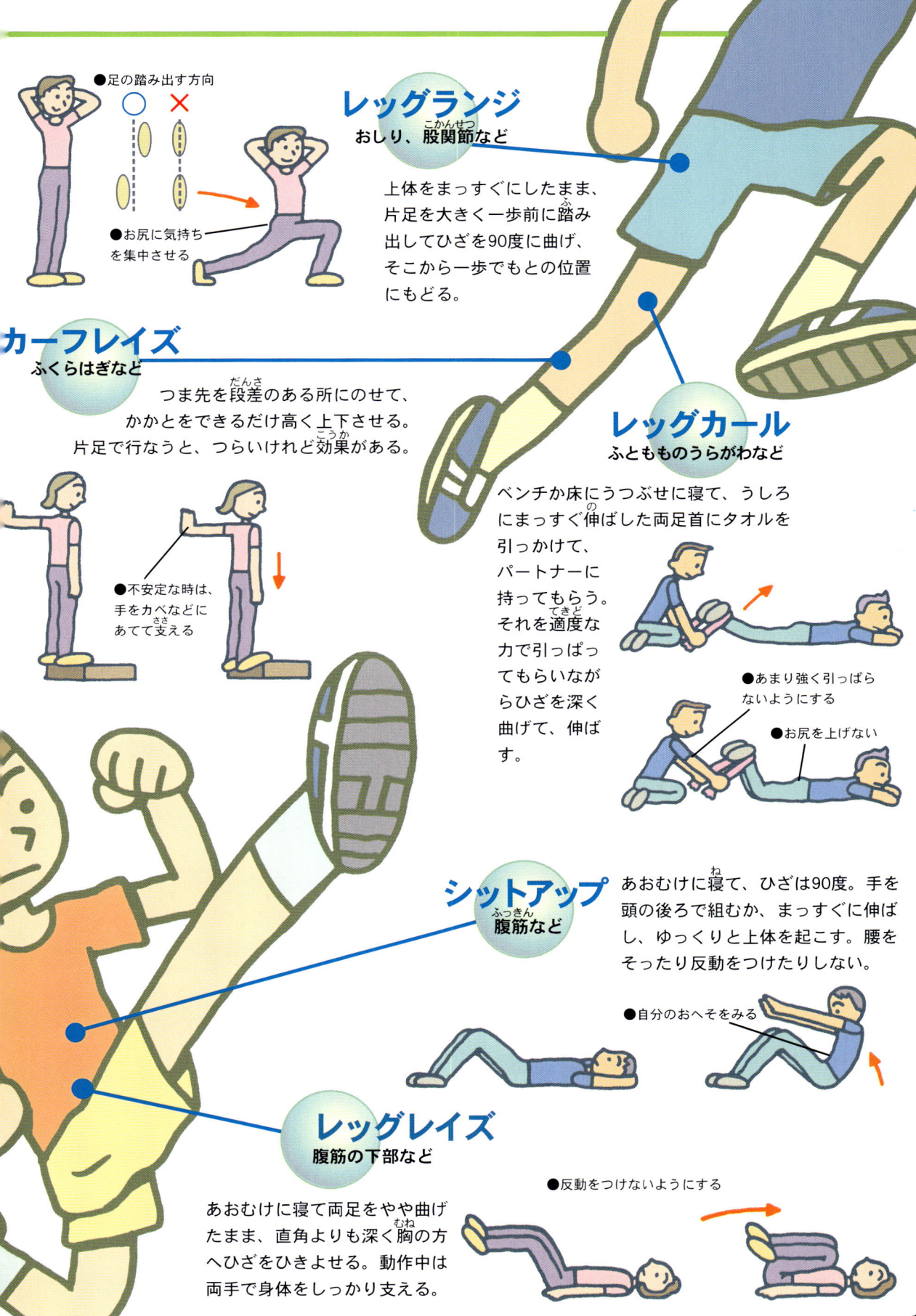

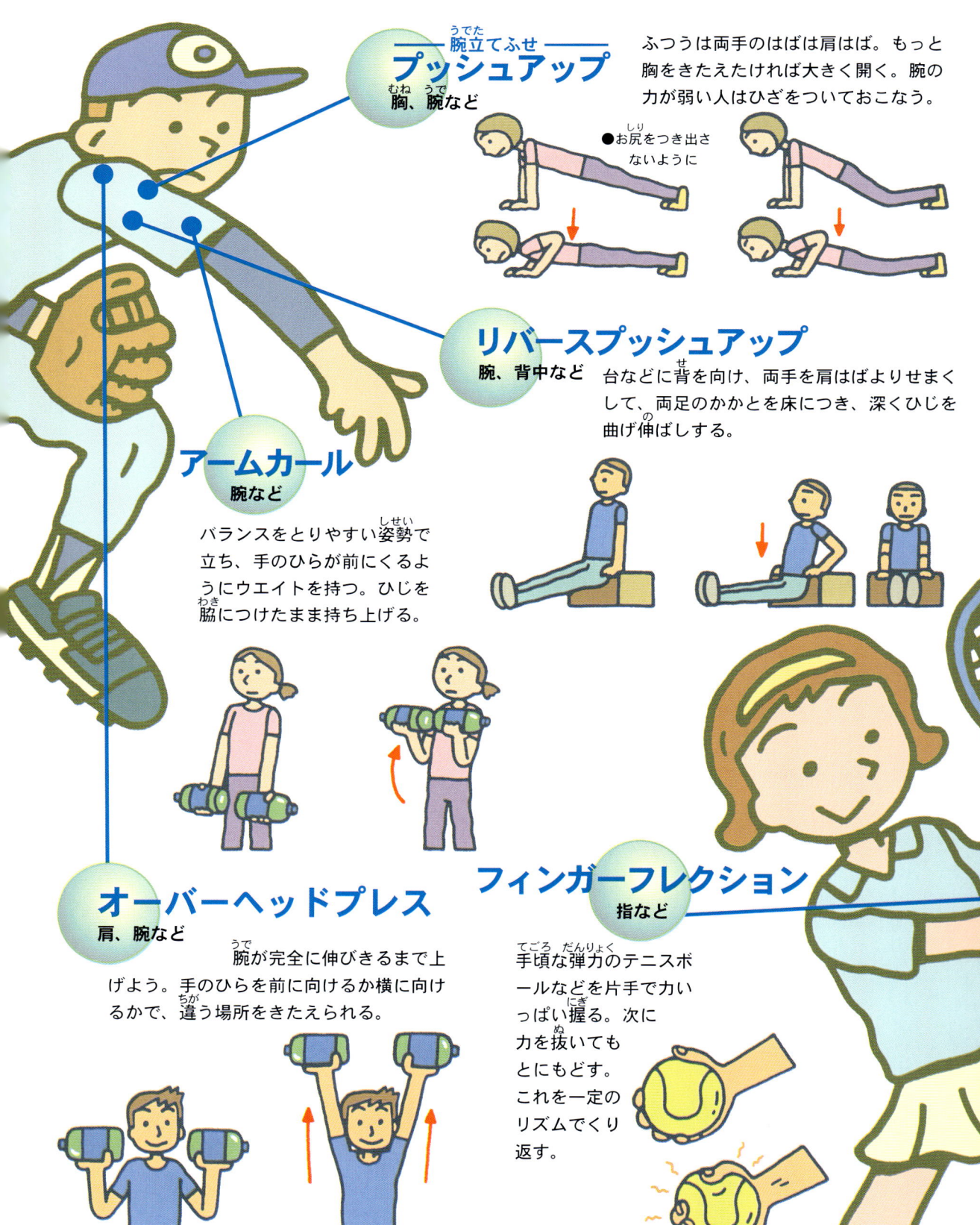

敏しょう性（すばしこさ）や平衡感覚をきたえるために

サッカーの試合を観たことがありますか？　パス、ドリブル、そしてシュート！・・・選手たちは、すばやく動いて見事にボールをコントロールしているよね。これは俊敏性や平衡感覚をきたえているおかげなんです。じゃあ、道を歩いているときはどうだろう？　ひっくり返りそうになったとき、身体のバランスをすぐに立て直すことが出来ればころばなくてもすむんじゃないかな。スポーツでもふだんの生活でも、俊敏性や平衡感覚はとっても大切なんだね。これらは、下に出ているような遊び（みたいなトレーニング）の中で充分きたえられるのです。楽しみながらやってみよう。

●サイドステップ
片側の人が動いたら、それに合わせてもうひとりが動く。

●じゃんけん反応
じゃんけんをして、勝った人が動作をする。もうひとりがそれをまねして動く。

●ジグザグ走

●逆立ちごっこ

●バランス
目をつぶって片足で立ってみよう。

★やってみよう！／その3

 さぁトレーニングだ

実際のトレーニングはどうしたらいいの？

「サッカーが上手くなるには、やっぱり足の力だよね。」

たとえば・・・
◎スクワット／10回×3セット
◎レッグカール／15回×3セット
◎カーフレイズ／20回×3セット
◎腹筋／20回×3セット

「もっと遠くまで投げられるようになりたいなあ」

たとえば・・・
◎腕立て伏せ（プッシュアップ）／10回×3セット
◎オーバーヘッドプレス／10回×3セット
◎アームカール／10回×3セット
◎腹筋／20回×3セット

★この2人のように、自分に必要なものだけを選んでトレーニングしてもいいよ。始めから全部と思わずに少しずつ、つづけていこう！

★効果的にもっときたえる★ サーキットトレーニング

★サーキットトレーニングとは？
サーキットとは「巡回」という意味です。あらかじめ決めておいた数種類のトレーニング種目を次々に行なっていき（セット）、そのセットをくりかえすことでより高い運動効果を得ることができる、というものです。1950年代にイギリスで考えられたといわれています。種目の組み合わせや強度は、自分の体力や目的にあわせて考えるとよいでしょう。

★このトレーニングの目的
「全面的な身体づくり」を目指したものです。種目の構成にもよりますが、持久力・瞬発力・敏しょう性・柔軟性・平衡性など、体力がすべての面でバランスよくきたえられます。

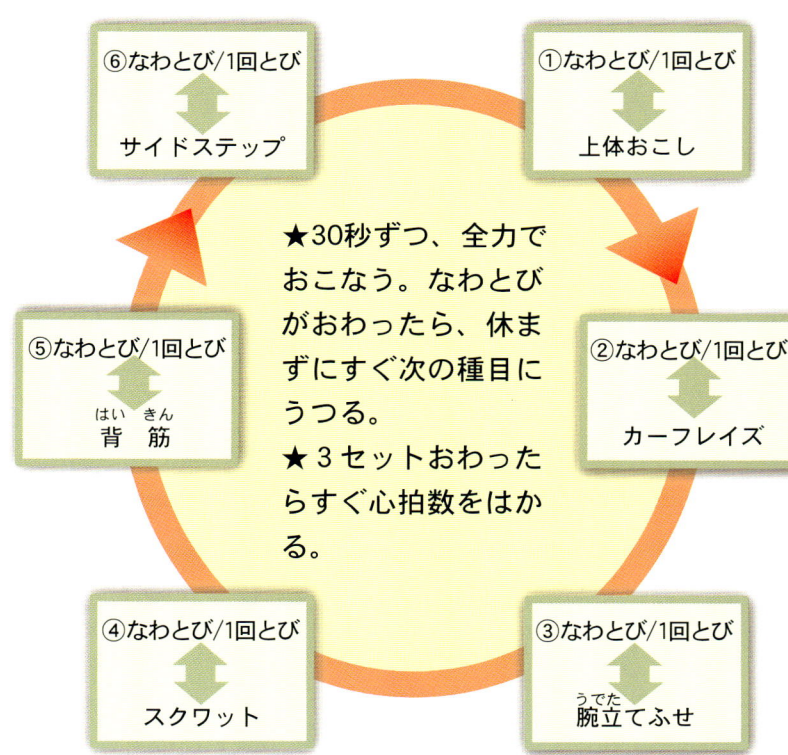

①なわとび/1回とび ↕ 上体おこし
②なわとび/1回とび ↕ カーフレイズ
③なわとび/1回とび ↕ 腕立てふせ
④なわとび/1回とび ↕ スクワット
⑤なわとび/1回とび ↕ 背筋
⑥なわとび/1回とび ↕ サイドステップ

★30秒ずつ、全力でおこなう。なわとびがおわったら、休まずにすぐ次の種目にうつる。
★3セットおわったらすぐ心拍数をはかる。

元気に遊んでますか？

みなさんは外で元気に遊んでますか？これまでトレーニングの方法を説明してきましたが、みなさんが知っている遊びでだって身体はきたえられるのです。遊びには、走ったり、とんだり、のぼったりなど、色々な動きがたくさん出てきます。その上、楽しくつづける事ができますね。これらはトレーニングの時でも、とっても大切な事なのです。また、みなさんがやっているスポーツそのものだって、そういう意味ではとてもいいトレーニングになっているのです。では、なんでわざわざ「トレーニング」をするのでしょうか？

たとえば、サッカーがうまくなりたいと思ったら、一番いいのはサッカーをたくさんやることでしょう。でも、もっといりょくのあるボールをけりたいとか、もっとすばやい動きをしたいと考えたり、ケガは治ったけれど前みたいに動けないなと感じたり……そんな「もっと〜したい」ときに役に立つのが「トレーニング」なのです。

「遊び」でも「スポーツ」でも「トレーニング」でも、まずは自分の好きなところからはじめてみましょう。

●どろけい

●ドッヂボール

●サッカー

ケガをしないために

スポーツはとても楽しいものです。しかし、少し油断すると大きなケガや事故につながることもあるです。スポーツだけでなく、遊んでいる時にだってケガが発生します。小中学生にはどんなケガが多いのでしょう。そしてそれはどんな時におきやすいのでしょうか。

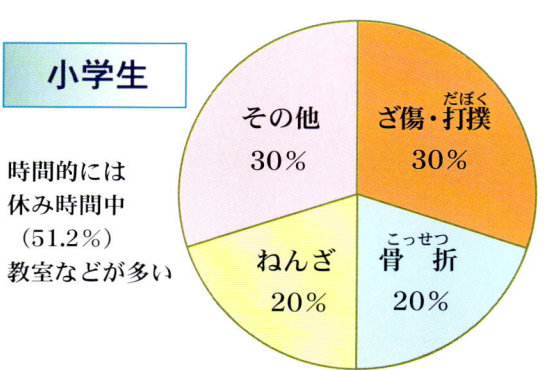

小学生
時間的には休み時間中（51.2％）教室などが多い

その他 30％
ざ傷・打撲 30％
ねんざ 20％
骨折 20％

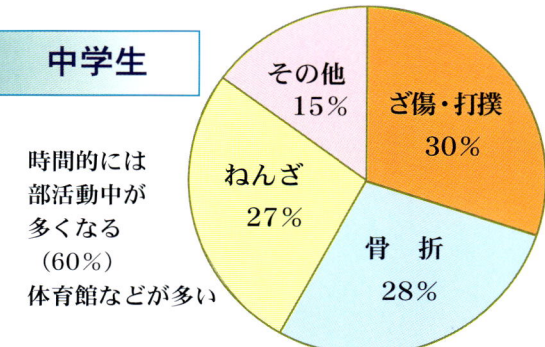

中学生
時間的には部活動中が多くなる（60％）体育館などが多い

その他 15％
ざ傷・打撲 30％
ねんざ 27％
骨折 28％

「学校の管理下の災害-18」（日本体育・学校保険センター刊）より

中学生は小学生とくらべると手足のケガ、それも骨折やねんざが増えています。これは活発に動けるようになったからといえます。

 ## スポーツ活動中に多く発生するケガは？

●打ぼく
筋肉がはれあがる。

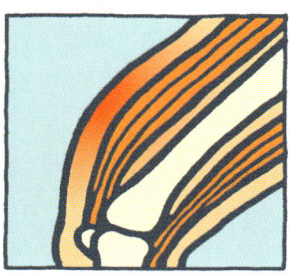

●骨折
強い衝撃で骨にひびが入ったり、折れたりする。

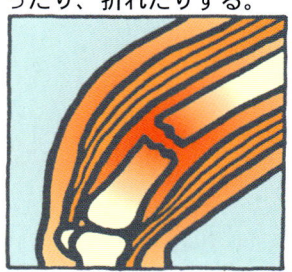

●ねんざ
無理な動きで骨と骨をつなぐじん帯を傷つける。

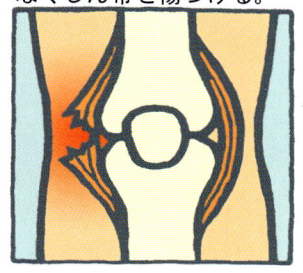

←正面から見たひざ関節

●脱きゅう
じん帯がゆるんで関節がはずれる。

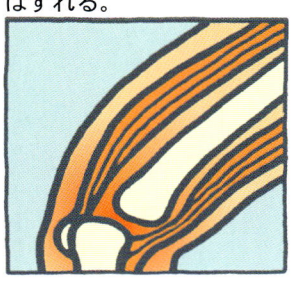

●肉ばなれ
筋肉の一部がきれる。

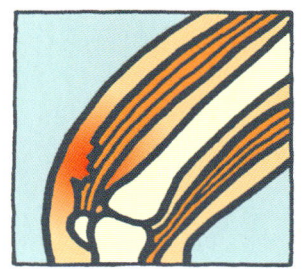

●すり傷
皮ふの表面がすりきれる。内部への影響は少ない。

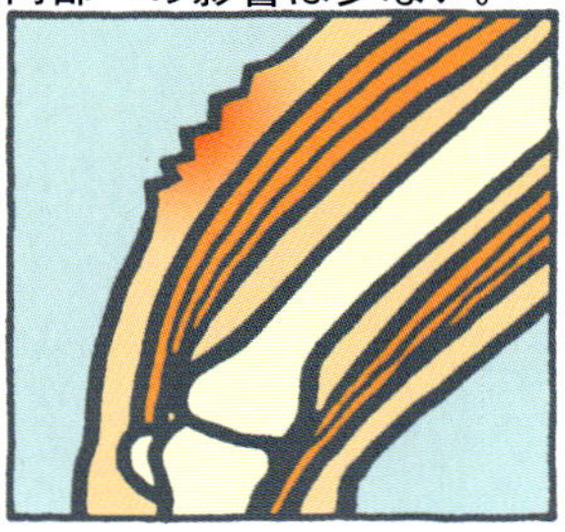

ケガをおこすのはどんな時？
どんな時にケガが多いか、考えてみよう。

★身体や心の状態がよくない時
自分が注意していれば防げるもの：熱がある、ひどく疲れている、やる気が出ない、お腹が空いている、おそくまで起きていた、便秘気味である、など。

★さまざまな環境に問題がある時
自分ひとりの事ではないもの：とても暑い、とても寒い、グランドが固い。活動時間が長すぎる。狭いスペースでいろいろな種目をたくさんの人がやっている。など

★その他の原因
友だちがふざけながらやっている、ケンカをしている、新しいシューズですべってころんだ、使う道具が壊れているのに気がつかなかった、など。

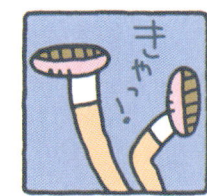

ケガの原因となる周囲の環境を整えよう
みなさんは、自分のグローブやボールやシューズをきちんと手入れしていますか？　一流の選手はみんな、自分が使う道具は自分で手入れしているのです。道具がこわれていてケガをすることもあります。このような点も気をつけたいですね。

ケガを防ぐには？

スポーツをしている時のケガは、どうすれば防ぐことができるでしょうか？ウォーミングアップやクーリングダウンは当然大事なことですが、まず運動にとりかかる時に絶対にやらなくてはいけないこと、それは心身の状態をしっかり整えることです。体調をしっかり管理するには、下のような表で、自分の生活習慣（ライフスタイル）をちゃんとつかむことから始めてみよう。

 体力をつける生活をめざせ！ 僕の私の1週間

	内容	自分でつくる目標	月	火	水	木	金	土	日
体力づくり	ストレッチング	テレビをみながら5分間							
	腹筋	10回はやるぞ							
	腕立てふせ	20回に挑戦だ！							
	スクワット	15回はやるぞ！							
	ランニング	1日おきに30分走るぞ							
身体・心・生活チェック	寝る時間	10時30分までに寝ます							
	起きる時間	6時には起きます							
	朝食の時間	6時30分には食べます							
	朝食の内容	残さず食べます							
	昼食(給食)	残さず食べます							
	夕食の内容	牛乳を飲む、何でも食べるぞ！							
	勉強時間	1時間はやります							
	テレビ	1時間でがまんします							
	家のお手伝い	食事の準備やお掃除をする							
	身体の調子	絶好調が目標！							
	心の調子	いつでも気持ちよく							
	めざめの気分	さわやかにめざめるぞ！							

★バッチリできたら○、まあまあできたら△、できなかったら×を書き入れてみよう。

ライフスタイルとは

その人自身の生活習慣そのものを示すものです。もっとも基本となるのが睡眠と食事。これらをおろそかにしている人は、スポーツをやってもあまり意味がありません。やせるために食事をぬいて運動をしても、かえって身体をこわしてしまいます。

●**食事（栄養）の意味は？**：食事の内容・食べる時間・何を食べたら良いのか・体力をつける食事とは何か。
●**睡眠はどうだろうか？**：睡眠と運動の関係はどうだろう。

★ライフスタイルと体力・運動能力の関係★

いろいろな種類のスポーツ技能
バレーボール、サッカー、陸上などの技術的技能

⬇

基礎運動技能
走る、とぶ、投げる、打つなどの基本動作の技能

⬇

基礎運動要素
敏しょう性、柔軟性、筋力、持久力、瞬発力、平衡性

⬇

体格および身体機能
身長、体重、胸囲、座高、循環・呼吸機能、体脂肪率など

⬇

身体（スポーツ）活動の土台となるライフスタイル
睡眠・食事・家庭・学校生活（授業や部活動）
下校後の活動　1）家庭学習や塾での勉強　2）自分で考えたトレーニング

※左の表を参考にして、毎日の暮らしを記録してみよう。それをもとにトレーニングなどの計画を立ててみる。

★ケガよりこわい スポーツ障害

骨折やねんざは、外から強い力が加わることによっておこります。原因もはっきりしていますね。でも、知らないうちに身体に障害を起こすことがあります。これがスポーツ障害です。硬い岩を弱い力でたたいても、すぐには割れません。でも、何百回もくり返し同じ所をたたき続けると、最後には硬い岩もボロボロになって割れてしまいます。これと同じことがみなさんの身体でも起こるのです。

その原因
1) 身体がまだできていない。
2) まだ、基礎体力も不充分なのに長時間練習を行なったり、同じ動作をくり返したりする。
3) 心や体調が不安定のまま練習をつづける。
4) 指導の方法に問題がある。

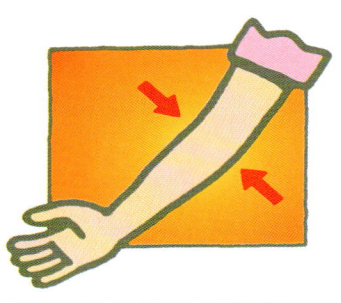

肩・ひじが2週間以上痛むようだったら、なるべく早く専門のお医者さんの診察を受けましょう。この障害は使い過ぎによるものですから、練習量を減らすか、あるいは完全休養します。

ひじ

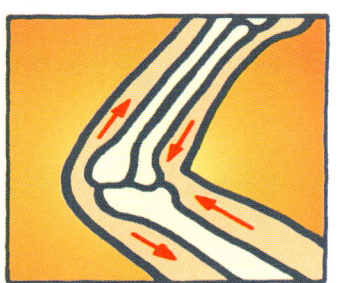

●**テニスひじ**：フォアハンドでは内側が、バックハンドでは外側に負担がかかるので、痛めやすい。
●**野球ひじ**：投球動作では、ひじの外側には圧迫の力が、内側には引っぱる力がかかる。そのため外側の骨がぶつかりあって変形したり、内側の骨が引っぱられてはがれたりすることがある。

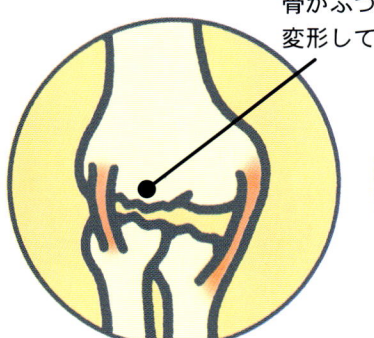

骨がぶつかって変形している

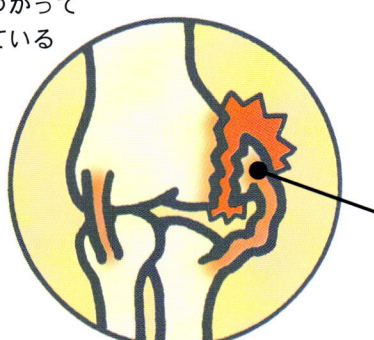

骨の一部がはがれてしまう

大好きなスポーツを障害なくつづけるためには、全身をバランスよくきたえながら、基礎体力をつける事が大事です。そしてここでも、ウォーミングアップ、特に運動前のストレッチングなどが非常に重要です。一つの種目にかたよらず、いろいろなスポーツを体験することも、皆さんの年齢ではとても大切なのです。

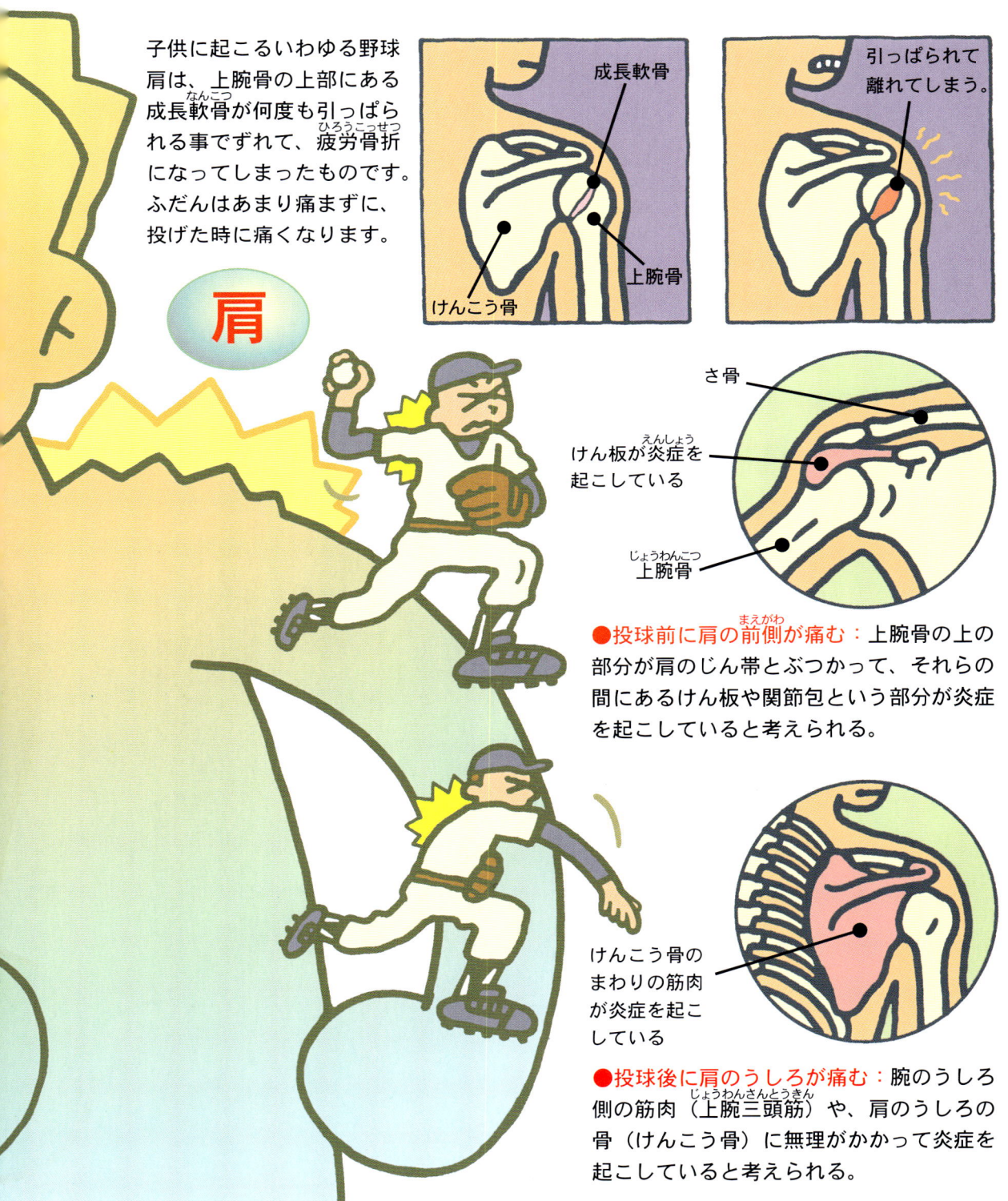

子供に起こるいわゆる野球肩は、上腕骨の上部にある成長軟骨が何度も引っぱられる事でずれて、疲労骨折になってしまったものです。ふだんはあまり痛まずに、投げた時に痛くなります。

肩

引っぱられて離れてしまう。

成長軟骨
上腕骨
けんこう骨

さ骨
けん板が炎症を起こしている
上腕骨（じょうわんこつ）

●投球前に肩の前側（まえがわ）が痛む：上腕骨の上の部分が肩のじん帯とぶつかって、それらの間にあるけん板や関節包という部分が炎症を起こしていると考えられる。

けんこう骨のまわりの筋肉が炎症を起こしている

●投球後に肩のうしろが痛む：腕のうしろ側の筋肉（上腕三頭筋（じょうわんさんとうきん））や、肩のうしろの骨（けんこう骨）に無理がかかって炎症を起こしていると考えられる。

★ケガよりこわい

ひざと足首は「歩く」「走る」「ける」「とぶ」といったほとんどの基本動作にかかわる重要な関節です。ひざ関節や足関節の障害はすべての競技で起こりますが、サッカー、バスケット、バレーボールなどで特に多く見られます。

ひざ

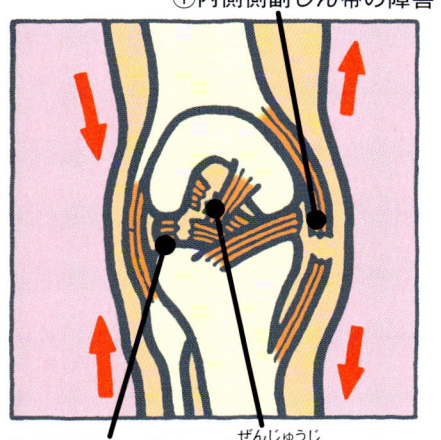

① 内側側副じん帯の障害
② 前十字じん帯の障害
③ 外側半月の障害

じん帯と半月板の障害

スポーツ中に急激な方向転換・着地・衝突などでひざを強くひねった時に起こる障害です。よくみられる症状は左図の３つですが、同時に起こる事もあります

● 症状と治療：ケガをした直後の痛みがひどく、歩くことが出来なくなる。痛みがひいてもひざに力が入らず、ガクッとはずれる感じがして不安。手術が必要な場合もあり、回復するのにも時間がかかる。
● 予防するには：足全体、特にふとももの強化をする。運動時にはつま先の向いた方向にひざを曲げるように注意する。

● ジャンパーひざ：ジャンプの多いスポーツにみられるひざの下側や上側の痛み。練習を始めた時には痛いが、身体があたたまると痛みが軽くなる。
● 予防と治療：地面や床のかたい所でのランニングやジャンプはひかえて、練習後にはよく冷やすこと。痛みがひどいときは専門のお医者さんでサポーターやシューズの中じきを作ってもらう。痛みがあるときに無理をしないこと。

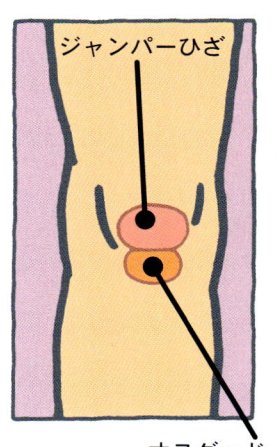

ジャンパーひざ

オスグッド・シュラッテル病

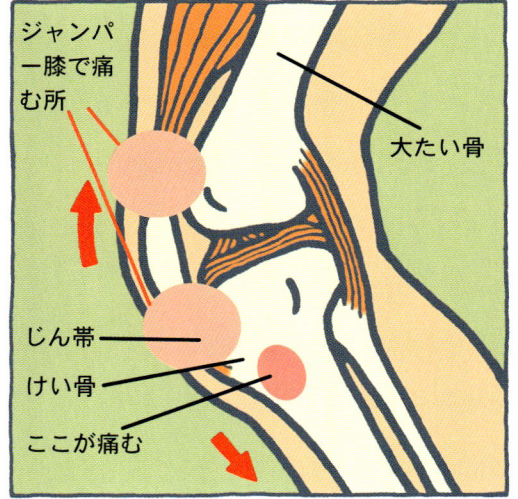

ジャンパー膝で痛む所
大たい骨
じん帯
けい骨
ここが痛む

● オスグッド・シュラッテル病：ふとももの筋肉の下の部分（じん帯）がくっついているすねの骨（けい骨）の前面が、ひざの強い伸ばしのくり返しによって炎症をおこす。成長軟骨の一部がはがれて、変形することもある。
● 症状と治療：ひざのおさらの下がはれてきて、スポーツ中に痛む。痛みが軽いときは、太もものストレッチングをおこない、練習後にしっかり冷やす。痛みが強い場合は、２～３ヶ月間スポーツを休まなくてはいけない。そしてその間太もものストレッチングを充分におこなう。ふつう、成長とともに痛みはなくなるが、おさらの下のでっぱりが残ることがある。

スポーツ障害

腰

★腰椎分離症(ようついぶんりしょう)

背骨(せぼね)のうしろにある突起(とっき)部分がわれてしてしまった状態(じょうたい)。疲労骨折(ひろうこっせつ)によって起こることが多い。分離があっても自覚(じかく)症状(しょうじょう)がない人や、鈍い痛みをあまり感じないという人もいる。

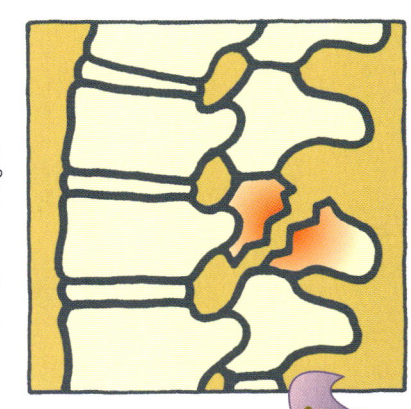

すね こわい疲労骨折

スポーツ中にすねの部分の骨（おもにけい骨）の同じところに力がくり返し加わると、小さなひびが入り、ついには完全に骨折してしまうことがあります。最初はスポーツ中だけの痛みですが、症状が進むとスポーツを終えたあとも痛みます。

★ランニング型(がた)疲労骨折

1〜2ヵ月間、そのスポーツを休むことで治る。痛みがなくなったら、すこしずつ練習を開始してよい。

★ジャンプ型疲労骨折

痛みがなくなっても、練習を再開したためにふたたび痛みが出てきて、骨折してしまうこともある。専門のお医者さんの指示を守って、スポーツを再開すること。

★シン・スプリント
（ランニング障害）

骨膜(こつまく)（骨の外側の膜）の炎症で、スポーツの初心者やランナーによくおこる痛み。症状は軽い。

●疲労骨折の予防：ストレッチングや筋力(きんりょく)の強化をおこなう。底の厚いやわらかいシューズをはき、かたい地面や床での練習はやめる。

運動やスポーツの効果

運動やスポーツをすると、どんな効果があるのでしょうか？　力強くしなやかな身体と、元気でみずみずしい心になるだけでなく、下の絵にあげたようなさまざまなことが期待できます。特に成長期にあるみなさんには、いろいろなことが起きます。スポーツは一人きりでするものではありません。友だち同士で助け合い、活かし合い、補い合う事が大切です。

①健康な心と身体を育てる

②身体を動かす楽しさ、爽快感を教えてくれる

③仲間といっしょにプレイする楽しさを教えてくれる

④仲間との友情や連帯感を育てる

⑤上手くなろうとする向上心や努力、たえる力を育てる

⑥競い合い、協調し合う中で他人を思いやる心を育てる

⑦日常生活のストレスを解消し、心と身体をリフレッシュする

⑧よく眠ることができる

⑨食べ物もおいしく食べられる

《著》　鈴木和弘
1954年山形県に生まれる。筑波大学大学院修士課程（体育研究科コーチ学専攻）を修了。筑波大学附属中学校教諭を経て、現在は国際武道大学体育学部教授、筑波大学非常勤講師。著書に『性といのちを考えよう』（ポプラ社）『理論・実践・実証「生きる力」を育成する保健体育—身体活動を通した自己実現をめざして』（健学社）、共著に『保健室からみる健康』（国土社）などがある。

《絵》　大森眞司
1960年、東京・日本橋の生まれ。赤ん坊のころ、千葉県船橋市へ。当時、船橋の郊外は広大な田んぼと山に囲まれた結構な田舎で、遊ぶところがいっぱいあった。そのためか今でも体を動かすのが大好き。主な作品は『のりものしかけえほん　全4巻』（あかね書房）、『やさしいこうさく』『日本の歴史』（小峰書店）『モノづくり解体新書』シリーズ、『トコトンやさしい○○の本』シリーズ（日刊工業新聞社）など。

ブックデザイン・本文レイアウト　大森眞司

保健室で見る本
①からだをまもろう、動かそう

発　行　2003年2月25日初版第1刷発行　2023年2月20日初版第10刷発行
著　者　鈴木和弘
画　家　大森眞司

発行所　株式会社　国土社　〒101-0062　東京都千代田区神田駿河台2-5
電　話　03-6272-6125　FAX03-6272-6126
ホームページ　http://www.kokudosha.co.jp
印刷所　株式会社　厚徳社
製本所　株式会社　難波製本

©K. Suzuki／S. Omori　Printed in Japan
ISBN978-4-337-16301-0　C8349
＊本書を無断で複製、転載することを禁じます。落丁、乱丁はおとりかえします。

NDC490	国土社	
2003	32P	27×19cm